San Marcos

José Young

Ediciones Crecimiento Cristiano

© Ediciones Crecimiento Cristiano
Título: San Marcos
Autor: José Young
Primera edición:
Esta edición revisada: 2/09
ISBN:9509596663
Clasificación:
Diseño de tapa: Ruth Santacruz
Corrección: Michelle Sommerville

Impreso en los talleres de
Ediciones Crecimiento Cristiano
Córdoba 419
5903 Villa Nueva, Cba.
Argentina

oficina@edicionescc.com
www.edicionescc.com

IMPRESO EN ARGENTINA

Introducción

La fe cristiana y la Biblia están unidas entre sí. Realmente, las dos cosas son inseparables. Todo lo que sabemos acerca de Jesucristo viene de la Biblia. También aprendemos de ella qué es un cristiano verdadero y cómo comenzó la iglesia. Es el libro que ha servido como fundamento de la fe y de la iglesia desde que ésta nació.

Muchas personas olvidan que ser cristiano tiene que ver con Cristo. La palabra "cristiano" era un apodo que la gente daba a los primeros seguidores de Cristo. Hablaban tanto de él y llevaban un estilo de vida tan centrado en su persona, que les decían "son de Cristo", es decir, cristianos.

Ésta es una guía sobre uno de los cuatro libros llamados "evangelios", que nos relatan acerca de la vida y obra de Jesús. Comenzamos con él, porque sabemos que toda persona que toma en serio a Dios debe comenzar con él. Saber quién es y qué quiere de nosotros es la tarea más urgente de la vida.

La palabra "Cristo" y la palabra "Mesías" son lo mismo. "Cristo" es una palabra del griego y "Mesías" del hebreo. Significa "ungido" y viene de una práctica antigua de los judíos. Cuando elegían un nuevo rey, por ejemplo, el sacerdote ungía la cabeza del nuevo rey con aceite, como un sello de su nueva autoridad.

De la misma manera, Jesús es el ungido de Dios, el que está separado para una tarea, el que tiene la autoridad del elegido y es enviado por Dios.

La palabra "evangelio" significa "buena noticia". Cuando Marcos escribe "Principio del evangelio de Jesucristo, Hijo de Dios", quiere decir: "Aquí comienza la buena noticia que quiero comunicarles, que trata del Hijo de Dios, Jesús el Cristo". Éste es, entonces, el tema del libro: Jesús. Su propósito es comunicarnos que su venida a la tierra es una buena noticia para todos los hombres.

Cómo utilizar este cuaderno

Este cuaderno puede usarse en pequeños grupos de dos o más personas. Primero, usted deberá leer el capítulo correspondiente y contestar, solo, las preguntas del ejercicio. Luego, con la otra persona que lo ayude, o con el grupo de estudio, podrán charlar acerca de las respuestas y aclarar las cosas que no entiendan.

Para la lectura, usted puede utilizar cualquier versión o traducción de la Biblia. Busque en el índice de su Biblia o Nuevo Testamento la página donde se encuentra el libro de San Marcos; es el más breve de los cuatro evangelios.

Los libros de la Biblia están divididos en capítulos y, a su vez, cada capítulo está dividido en versículos. Podemos distinguirlos fácilmente en la lectura, porque los capítulos están indicados con números grandes al principio de un párrafo, mientras que los versículos con números pequeños dentro del capítulo.

Entonces, al hablar de Marcos 1:4, queremos decir: el primer capítulo y el versículo 4.

¿Quién era Marcos?

Marcos aparece cada tanto en el Nuevo Testamento, pero no era uno de los doce apóstoles. Era de Jerusalén, joven, y puede haber escuchado a Jesús alguna vez.

Era el apóstol Pablo quien lo llevó como ayudante por primera vez y, según los historiadores, pasó mucho tiempo como el ayudante de Pedro.

Así que Marcos no escribió lo que vio y oyó, sino lo que aprendió de Pedro. Aun algunos eruditos llaman este libro "El evangelio de Pedro". Sin embargo, aunque el libro no lleva el nombre de Marcos como autor (los títulos en nuestras Biblias son modernos), la opinión de los eruditos es que él fue su autor.

Le animamos que intente escribir las respuestas a las preguntas. Al escribir pensamos más claramente y recordamos mejor. También ese estudio previo nos prepara mejor para la conversacion en grupo.

Esperamos que haga este estudio con un grupo o por lo menos una persona más. El diálogo, el intercambio de ideas, beneficia mucho.

Que nuestro Dios le ayude.

Índice

Marcos	página
Introducción	4
1	7
2	12
3	17
4	22
5	27
6	31
7	36
8	41
9	45
10	50
11	55
12	60
13	65
14	69
15	74
16	78
Conclusión	81

Marcos 1

Aunque Mateo y Lucas nos cuentan acerca del nacimiento de Jesús, Marcos va directamente al grano. Habla del "evangelio", las buenas noticias. Habla de Jesús el "Cristo", el escogido de Dios. Y habla del "Hijo de Dios", en quien vemos toda la gloria de Dios.

Marcos 1:1-8

Jesús tenía más o menos treinta años cuando comenzó su obra aquí en la tierra, pero Marcos no nos relata nada de su juventud. Mejor, nos cita las palabras de un profeta que las escribió unos 400 años antes del nacimiento de Jesús, el profeta Isaías (vv. 2-3).

El que habla en la profecía es Dios. Se refiere a Jesús, y afirma que iba a enviar un mensajero delante de él quien iba a preparar a la gente para su venida.

En el versículo 4 encontramos a ese mensajero.

1   ¿Qué fue el mensaje de Juan, ese mensajero?

2   ¿Para qué bautizaba a la gente?

Marcos 1:9-13

Jesús también fue bautizado, aunque realmente no hacía falta en su caso (la pregunta 2 da la razón). Pero la voz del Padre confirmó que hizo lo correcto. Para entender mejor la tentación de Jesús conviene leer Mateo 4:1-11.

Marcos 1:14-20

En un sentido, el mensaje de Jesús era muy simple: cambiar de actitud frente a Dios y hacer propias las buenas nuevas del evangelio (v. 15). Después ampliará ese mensaje, pero aquí tenemos lo esencial. El reino se acercaba; ¡el rey estuvo presente!

Jesús llamó a sus primeros seguidores, los que luego nombró "apóstoles". Dijo que los iba a hacer "pescadores de hombres".

3 ¿Qué será eso de pescar hombres? ¿Qué diferencias existen entre pescar un pez y pescar un hombre?

4 ¿Usted es capaz de pescar hombres? ¿Por qué?

Marcos 1:21-28

La sinagoga era el lugar de reunión para los judíos, algo como nuestra "iglesia" hoy. Aparentemente Jesús acostumbraba enseñar en sus visitas a las sinagogas. Pero esta vez hubo una sorpresa impresionante.

5 De la evidencias que tenemos en este incidente:
☞ ¿Qué sabían los demonios acerca de Jesús?

☞ ¿Qué reconoció la gente acerca de Jesús?

Marcos 1:29-34

Tal como Jesús sanó a la suegra de Pedro, sanaba a muchas personas. Más de una vez Marcos resume las actividades de Jesús como en este pasaje, y nos damos cuenta de que, como dijo el apóstol Juan:

"Jesús hizo también muchas otras cosas, tantas que,
si se escribiera cada una de ellas, pienso que los libros
escritos no cabrían en el mundo entero". (Juan 21:25)

Marcos 1:35-39

No era fácil para Jesús encontrarse solo. Dondequiera que fuera, las multitudes le seguían. Pero esos momentos a solas con el Padre eran esenciales para Jesús.

Marcos 1:40-45

Las personas con lepra (que podía ser más de una enfermedad de la piel) en los tiempos antiguos vivían aisladas de la gente. Eran "impuras", y como consecuencia nadie las podía tocar, no podían comer con gente "sana", ni siquiera entrar en sus casas.

Pero este leproso había oído que Jesús podía sanarlo.

6 ¿Cómo veía este hombre a Jesús? ¿Qué confianza y qué duda tenía?

Jesús lo tocó (lo cual no era necesario) y lo sanó. Dijo que debía presentarse al sacerdote para recibir la confirmación de que había sido sanado. De esa manera podía entrar de nuevo en la sociedad.

Jesús le dijo que no debía decir nada a la gente de lo que había pasado. Sin embargo, el leproso salió hablando a todo el mundo.

7 ¿Hizo bien o no? Explique su opinión.

Con este capítulo tenemos el primer vistazo a ese hombre, Jesús el Cristo.

---

8 ¿Qué aprendemos acerca de él en base a este capítulo?
¿Quién era? ¿Cómo era?

Aunque su actividad pública duró solamente tres años, Jesús impactó más a la humanidad que cualquier otra persona.

Marcos 2

En este capítulo Marcos nos presenta por primera vez a los que serían los enemigos de Jesús: los escribas (maestros de la ley o maestros de la religión) y los fariseos, que eran los más conservadores entre los judíos en cuanto a religión.

En cuatro escenas breves veremos crecer la oposición a Jesús. Aunque la gente en general oía a Jesús con gusto, los dirigentes religiosos cuestionaron todo lo que Jesús hacía y decía.

Marcos 2:1-12

La fama de Jesús como sanador y maestro "fuera de lo común" atraía a la gente. A veces escapaba durante un tiempo corto, pero siempre la multitud lo encontraba.

En esta oportunidad, cuando los cuatro amigos del hombre paralítico comenzaron a abrir un boquete en el techo, seguramente era una distracción importante. Pero Jesús vio la fe de ellos (v. 5) y no les acusó de nada.

¡Pero tampoco sanó al hombre, sino que dijo que perdonaba sus pecados!

1 Los religiosos reaccionaron frente a los que Jesús dijo. ¿Tenían razón con su acusación en el versículo 7?

Jesús sabía lo que estaban pensando, y los enfrentó con una pregunta "tramposa".

2 ¿Cómo respondería usted a la pregunta del versículo 9?

Jesús les desafió porque tenía algo importante para enseñarles (v. 10). Los religiosos seguramente se quedaron perplejos, pero la gente se maravillaba.

Marcos 2:13-17

Es llamativo que Jesús escogiera a Leví. Los judíos odiaban a los cobradores de impuestos por ser colaboradores de los romanos y por su falta de honestidad. Pero él no miraba lo que una persona era, sino lo que podría llegar a ser.

Cuando Leví invitó a Jesús a cenar en su casa, los religiosos se quejaron de él. Es que, para ellos, una persona cercana a Dios tenía que evitar a toda la gente "mala". Para ellos, la única manera de quedarse puro era aislarse de ellos.

3 ¿Qué le parece? ¿Está de acuerdo con su planteo? Explique su opinión.

La respuesta de Jesús es contundente. Hay dos clases de personas, los "sanos" y los "enfermos", los "buenos" y los "malos". Él vino a buscar a los enfermos.

4   ¿En cuál de estas dos categorías se ubica usted? ¿Por qué?

Marcos 2:18-22

La práctica de ayunar era muy común entre los judíos. Los fariseos más conservadores ayunaban dos días a la semana. Y vemos aquí que los discípulos de Juan el Bautista también ayunaban, pero que los discípulos de Jesús, no.

Cuando preguntaron la razón a Jesús, les respondió con una figura práctica, muy común en él.

5   Si el novio de la figura representa a Jesús, y el día en que iba a ser quitado habla de su muerte, ¿cómo respondería usted a la pregunta del versículo 18?

Vestidos viejos y odres viejos. Son dos figuras que representan una misma cosa.

6   Si es así, ¿de qué manera estas dos figuras responden a la preocupación de los discípulos de Juan?

Marcos 2:23-27

La queja de los fariseos no tenía que ver con el robo. La ley judía permitía arrancar espigas y comerlas (Deuteronomio 23:25). No, su problema era el día, el sábado. Según la manera en que ellos interpretaban su ley, no se podía hacer casi nada el día sábado. Estaba prohibido cualquier trabajo: cocinar, llevar una carga, cosechar (lo que hicieron los discípulos), caminar más de cierta distancia, y una lista larga de cosas parecidas.

Jesús respondió con un ejemplo de la propia historia judía. "La casa de Dios", en esa época, era una tienda en un lugar llamado Silo. Cada sábado los sacerdotes debían colocar doce panes en una mesa especial en la tienda. Eran sagrados y solamente los sacerdotes podían comerlos.

Sin embargo, David (que luego llegó a ser rey) huía por su vida con sus compañeros. No tenían provisiones y, como tenían hambre, comieron de los panes sagrados.

7 Jesús utilizó este incidente como una respuesta a la pregunta del versículo 24. ¿De qué manera es una respuesta? ¿Qué tiene que ver con la pregunta?

8 ¿Puede explicar el versículo 27?

Muchas personas hoy piensan en Jesús como el "buen maestro" o el "ejemplo divino", pero no se dan cuenta que hay un aspecto de su persona que es realmente perturbador. Al estudiar este evangelio, notaremos que no es posible quedarse indiferente frente a Jesús. Estos dirigentes religiosos muy pronto se dieron cuenta del problema que Jesús representaba. ¿Se ha dado cuenta usted?

Marcos 3

Se puede titular este capítulo como el capítulo de las relaciones. Vemos a Jesús frente a cuatro grupos distintos de personas: las multitudes, sus discípulos, sus parientes y los religiosos judíos. La relación entre Jesús y estos grupos nos enseña algo acerca de cómo debe ser nuestra relación con él.

Marcos 3:1-6

Se ve, por primera vez, que hubo un grupo de religiosos que buscaban una manera de acusar a Jesús. Pero él, seguramente sabiendo sus motivos, preparó la escena, con el hombre enfermo de pie frente a ellos.

1 ¿Qué le parece? ¿Por qué no respondieron a la pregunta del Señor en el versículo 4?

No respondieron, pero ya comenzaron a tramar como matar a Jesús.

Marcos 3:7-12

Ya vimos como la gente buscaba a Jesús, y es llamativo que algunos enfermos literalmente se echaban sobre él para poder tocarlo.

Note cómo los demonios reconocieron a Jesús, y no fue la primera vez.

2   ¿Puede pensar en una razón por qué Jesús no quería que los endemoniados revelaran quién era?

Marcos 3:13-19

Jesús hace una selección de doce hombres, y los llama "apóstoles". La palabra realmente es griega *apóstolos* y significa "un enviado".

3   Según este párrafo, la tarea de un apóstol era triple. ¿Cuál era?

☞ 1

☞ 2

☞ 3

Marcos 3:20-30

Hemos visto la reacción de los religiosos y las multitudes a Jesús, pero nos sorprende la reacción de sus parientes (v. 21).

4 Según lo que dice Marcos aquí, ¿por qué tenían esa actitud?

En los versículos que siguen, el conflicto entre Jesús y los religiosos toma otra dimensión.

Beelzebú era el dios de Ecrón, una de las ciudades principales de los filisteos. La palabra significa "señor de las moscas", y es probable que los israelitas le dieron ese nombre en forma de burla.

Pero la acusación era grave. Primero Jesús responde con tres parábolas (vv. 23-26).

5 ¿De qué manera esas parábolas son una respuesta a la acusación de los religiosos?

6 La parábola del versículo 27 es un poco más difícil. Pero si la "casa" es el reino de Satanás, ¿de qué manera es la parábola una respuesta?

Los versículos 28 y 29 siempre han pertubado a los cristianos, y muchos tienen miedo de que de alguna manera han blasfemado contra el Espíritu.

Pero hay una regla esencial en el estudio bíblico: es necesario entender uno o más versículos en su contexto. Es decir, ningún versículo está aislado, sino que hay que tomar en cuenta los que proceden y los que siguen.

Primero, Jesús nos asegura que todo pecado, cualquier pecado, puede ser perdonado. Es él, el Hijo de Dios, el Cristo, quien murió para librarnos de la culpa que lo asegura.

7 Pero mire bien los versículos 22 y 30. ¿Por qué una persona que dice eso no puede tener perdón?

Marcos 3:31-35

De nuevo aparecen los parientes de Jesús, y según lo que vimos en el versículo 21, es muy probable que querían retarle, o llevarlo a casa. Jesús no los rechazó, pero sí afirmó que una relación con él va más allá de los lazos sanguíneos.

8 ¿Usted se siente pariente de Jesús? ¿Por qué?

Un cristiano no es una persona que pertenece a una religión determinada, sino un seguidor de Jesucristo, un discípulo.

Frente a él los demonios gritaban, la multitud se admiraba, los que dudaban discutían; pero también hubo un grupo que lo reconoció y sintió que debía seguirlo. Años después, llamaron "cristianos" a los discípulos, a los seguidores de Jesús.

Marcos 4

Este capítulo es distinto a los anteriores porque casi todas las enseñanzas se expresan por medio de parábolas. Una parábola es, según el diccionario:

"Narración de un acontecimiento imaginario del que se deduce una enseñanza moral o espiritual".

Jesús enseñó muchas verdades espirituales por medio de historias, narraciones y relatos como los de este capítulo.

Marcos 4:1-20

Esta primera parábola es clara. En una época cuando sembraban granos los esparcían a mano, y es fácil ver como el sistema puede tener sus fallas.

Pero note cómo comienza y termina la parábola (vv. 3 y 9). Implica que la parábola tiene una enseñanza muy importante. Pero los discípulos no podían interpretarla.

Note cómo el Señor divide a la gente en dos grupos: "ustedes" y "los de afuera", es decir, los que se acercaron para preguntar y los que no se preocuparon por entender.

En los versículos 11 y 12 Jesús explica por qué enseñaba con parábolas, pero conviene leer Mateo 13:13-15, que es más amplio.

1   ¿Por qué, entonces, el Señor enseñaba con parábolas?

La explicación del Señor acerca de la parábola del sembrador es muy actual. Son resultados que vemos hoy también. Según Jesús, hay por lo menos cuatro clases de personas que pueden escuchar la palabra de Jesús.

2 Aplicándolo a nuestra situación actual, explique qué pasa en cada caso.

☞ 1

☞ 2

☞ 3

☞ 4

3 ¿Por qué, según Jesús (v. 13), si no entendemos esta parábola no podemos entender ninguna?

Marcos 4:21-25

Es cierto lo que dijo Jesús. No prendemos una lámpara para luego esconderla. Pero él dice que aun en el caso de que quede escondida, vendrá el día en que estará descubierta.

4 ¿Qué será esa luz que no se debe esconder?

Los versículos 24 y 25 son un poco más complicados. Vemos a dos personas. Una tiene, da y recibe aun más. La otra no tiene (o tiene casi nada) y pierde ese poco.

5 A la luz de lo que hemos visto en este capítulo, ¿de qué estará hablando Jesús?

Marcos 4:26-29

El reino de Dios: el espacio, la esfera donde Dios reina. Jesús ya había dicho que llegaba y aquí, en esta parábola, explica más de sus características.

6 ¿Qué aprendemos acerca de la manera en que el reino obra según esta parábola?

Marcos 4:30-34

Jesús sigue insistiendo sobre lo mismo. Realmente, desde el versículo 1 hasta aquí hay un solo tema.

7 Si aplicamos esta parábola a lo que puede pasar en una persona, ¿qué aprendemos?

☞ ¿Y si la aplicamos a lo que pasa en el mundo?

Marcos 4:35-41

Llega la noche. Jesús y sus discípulos pescadores cruzan el lago Galilea. Llega una tormenta brava, sin embargo Jesús duerme tranquilo. Pero los pescadores, que conocen bien al mar, se asustan por la gravedad de la tormenta.

8 ¿Qué duda revelan con su grito en el versículo 38?

9 ¿Por qué siguen con miedo cuando se calma la tormenta?

Hemos pensado en la semilla y en qué puede pasar con esa semilla cuando se trata del mensaje de Dios. El problema es que muchas veces no da resultados. Depende de nosotros, si la aceptamos, si la obedecemos. Le toca a usted.

Marcos 5

En este capítulo vemos como tres personas son sanadas, y las tres en situaciones muy distintas. Cada una es un pequeño drama en sí. No sabemos a cuántas personas sanó Jesús, pero probablemente fueron miles. Estos tres casos son ejemplos típicos de todos los demás.

Marcos 5:1-20

Hemos visto casos de personas invadidas por demonios en los capítulos anteriores, pero éste es un caso especial. El demonio tiene sus efectos en la vida de una persona, pero no siempre es tan obvio, como debe haber sido el caso del hombre en el versículo 23 del capítulo 1. Seguramente los miembros de la sinagoga se sorprendieron de lo que pasó.

Pero aquí tenemos a un hombre con una multitud de demonios. La palabra "legión" (v. 9) significaba una compañía de miles de soldados. Puede ser que no hayan sido miles, pero sí eran muchos.

1 Haga una lista de las maneras en que los demonios afectaban la vida de este hombre.

Eso de los cerdos no es fácil de entender, pero puede ser que el Señor lo haya permitido para que sirva de evidencia clara a la gente de que los demonios habían salido del hombre.

2   ¿Qué efectos tiene el incidente en
☞ el hombre?

☞ la gente?

Marcos 5:21-24 y 35-43

En los versículos 21-43, encontramos dos historias interesantes, y vamos a considerarlas por separado.

Sorprende un poco que Jairo hubiera ido a Jesús, ya que los dirigentes normalmente lo rechazaban. Pero, en su desesperación, reconoció que Jesús podía salvar a su hija enferma.

3   ¿Cómo se habrá sentido Jairo al recibir la noticia del versículo 35?

Por tradición, los judíos hacían un gran lamento por la muerte de una persona. A veces pagaban a lloronas para hacerlo más impresionante.

4 ¿Cómo explica el cambio de actitud de parte de la gente en el versículo 40?

Con dos palabras Jesús devolvió la niña a la vida. "Talita cum" son palabras en arameo, el idioma en uso común.

Marcos 5:25-34

El incidente con esta mujer seguramente molestó a Jairo, ya que tenía apuro por la vida de su hija.

5 ¿Qué sabemos de la gravedad de la enfermedad de esta mujer?

La mujer, seguramente con temor por ser mujer y por su enfermedad, se deslizó entre la gente y tocó la ropa de Jesús.

6 Cuando ella lo tocó ocurrieron dos cosas. ¿Cuáles eran?

Uno pensaría que Jesús seguramente sabía quien le había tocado, sin embargo creó una pequeña conmoción para que ella se descubriera. Los discípulos no comprendieron porque lo hizo (v. 31).

7 ¿Qué motivo puede haber tenido Jesús para exigir a la mujer de que apareciera?

Enfermedades, demonios y aun la muerte se rinden ante Jesús. Vemos su poder en todas las dimensiones de la vida humana y, como todos los que se acercaron a él buscando ayuda, la recibieron. En base a éstos y otros hechos similares de Jesús, uno de sus títulos más conocidos es el de "Salvador". El apóstol Pedro, años después, dijo:

> "De hecho, en ningún otro hay salvación, porque no hay bajo el cielo otro nombre dado a los hombres mediante el cual podamos ser salvos". (Hechos 4:12)

Marcos 6

Nos parece lógico que, frente a una persona tan impresionante como Jesús, todos hubieran querido ser sus discípulos. Pero la realidad no es tan sencilla. Ya vimos la reacción negativa de parte de los líderes religiosos hacia él, y en este capítulo apreciaremos otros ejemplos del problema humano.

Marcos 6:1-6

Aunque Jesús nació en Belén, pasó casi toda su vida en Nazaret. Nazaret era su tierra. (v. 1)

Como siempre, comenzó a enseñar a la gente en la sinagoga. Muchos se quedaron maravillados por su sabiduría. Sin embargo, se escandalizaban a causa de él.

1 ¿Cómo explica usted el rechazo a Jesús de parte de la gente?

Es notable que Jesús no podía obrar en Nazaret como lo había hecho en otras partes. Es que no se impone a nadie. Espera nuestra aceptación de su persona por la fe.

Marcos 6:7-14

Ya vimos en el capítulo 1 que Jesús escogió a los doce y les asignó una tarea. Ahora es el momento para rendir una prueba.

2 Cuando el Señor les envió,
☞ ¿cuál era su mensaje?

☞ ¿cuál era su tarea?

☞ ¿por qué los envió sin nada de equipaje, ni dinero?

La práctica de "sacudir el polvo de los pies" era bien judía y significaba más o menos lo mismo que nuestra expresión "lavarse las manos". Esa gente tendría que rendir cuenta de su rechazo de los mensajeros y su mensaje.

Marcos 6:14-29

Vimos a Juan el Bautista en el capítulo uno. Era un hombre valiente, pero, como vemos en este pasaje, pagó caro esa valentía.

La persona central aquí realmente es el rey Herodes. No era rey de todo Israel, sino de Galilea y de Perea, del otro lado del río Jordán (hay cinco Herodes mencionados en la Biblia.)

3 ¿Qué opinaba Herodes de Juan? Hay varias indicaciones en el pasaje.

4 ¿Qué aprendemos acerca del carácter de Herodes?

El pasaje dice que Herodes escuchaba a Juan. Se quedaba desconcertado, pero sabía que Juan era un hombre justo y santo (v. 20).

Ya que Herodes era rey, respetaba a Juan y era el poder máximo de la provincia, podría haber salvado su vida.

5 ¿Por qué no lo hizo?

No siempre tenemos que enfrentar decisiones tan extremas, pero todas las decisiones tienen una consecuencia en nuestra vida. Herodes hizo una mala decisión, y los historiadores dicen que la pagó caro pocos años después. La Bibla es clara: cosechamos lo que sembramos.

Marcos 6:30-44

Regresaron los apóstoles de su misión (v. 7), seguramente llenos de experiencias para contar a su Maestro. Buscaban un lugar tranquilo, pero como ya hemos visto, las multitudes los siguieron. Y también, como es de esperar, Jesús tuvo compasión de ellos.

Los discípulos querían despedir a la gente, pero Jesús les respondió con una pregunta.

6 Seguramente sabía que no tenían recursos para alimentar a cinco mil personas ¿Por qué, entonces, les dijo que lo debían hacer?

El Creador (Juan 1:3) hizo una mini-creación de pan y pescado, y los discípulos, en vez de descansar, tenían que trabajar.

Marcos 6:45-56

Ya hemos visto una escena parecida (Marcos 4:35-41), pero con diferencias. Jesús se quedó solo para orar, y los discípulos se fueron en el barco.

No nos sorprende que los discípulos se hubiesen asustado cuando vieron a Jesús caminar sobre el agua. Pero sí nos llama la atención su sorpresa cuando Jesús calmó el viento.

7 El versículo 52 dice que el problema era que "no habían aprendido lo de los panes". ¿Qué es lo que no comprendieron?

El capítulo termina con otra escena de Jesús en medio de la multitud necesitada.

Hemos visto en este capítulo tres cosas inexplicables: Jesús no es recibido por su pueblo, Herodes rechaza la verdad y los discípulos todavía no entienden a Jesús.

Sí, las cosas no son como deben ser porque hay un problema en el hombre mismo que impide la actuación de Dios en nuestras vidas. Esto se aclarará en al capítulo siguiente.

Marcos 7

Esta primera porción (vv. 1- 23) es larga, pero notemos que contiene tres escenas. El versículo 1 comienza con una polémica entre Jesús y los religiosos. En el versículo 14 Jesús habla a toda la multitud, y en el versículo 17 habla con sus discípulos.

La polémica surge por la cuestión de los lavamientos ceremoniales de los judíos. Eran lavamientos religiosos, ritos de purificación que no guardaban ninguna relación con tener las manos sucias.

Marcos 7:1-13

Los fariseos se quejaron porque los discípulos no seguían "la tradición de los ancianos".

1 ¿Cuál es la diferencia entre una tradición y un mandato?

2 ¿Tenemos tradiciones religiosas actualmente entre nosotros?

☞ ¿Son buenas o malas? ¿Por qué?

El Señor les llamó hipócritas, porque efectivamente rempla-zaron a los mandamientos por las tradiciones. Según ellos, un hijo podía declarar sus bienes como una ofrenda a Dios de tal manera que seguía utilizándolas, pero no las podía dar a terceros y, en este caso, a sus padres.

Y Jesús dijo que este ejemplo era solamente uno de muchos parecidos.

Marcos 7:14-23

La esencia de la respuesta del Señor a la pregunta del versículo 5 se encuentra en el versiculo15. Lo dijo a todos, pero sus discípulos a menudo eran lerdos para entender.

Muchas personas hoy comparten el pensamiento de los fariseos. Piensan que con cumplir con los requisitos de la iglesia y evitar a la gente "mala", son aceptables para Dios.

Pero Jesús dice que no es así. El problema es mucho más profundo.

3 ¿Cuáles de las cosas que contaminan

☞ son de adentro, parte de nuestras actitudes, nuestra personalidad?

☞ son acciones contra otras personas?

Aunque Jesús no utiliza la palabra "pecado" aquí, es con esta palabra que la Biblia define nuestra "enfermedad". Aunque conviene distinguir entre "el pecado" y "los pecados". El pecado es la enfermedad, la distorción que tenemos todos bien adentro. Los pecados son las síntomas, los resultados de esa enfermedad interior, el pecado.

4 Si es cierto que Jesús aclara nuestro problema verdadero, ¿cuál es la solución?

Marcos 7:24-30

Hay elementos en esta parte que son difíciles de entender, mayormente por una diferencia enorme de cultura. Tiro era una ciudad de la costa del Mediterráneo, lejos de Israel.

5 ¿Puede pensar en la razón por la que Jesús fue tan lejos?

De alguna manera una mujer se dio cuenta de la presencia de Jesús y le pidió ayuda. Pero la respuesta de Jesús nos causa sorpresa. Lo que es cierto es que los judíos comúnmente se referían a los gentiles (a los no judíos) como perros. Y también Jesús aclaró que su misión era primeramente para los judíos (Mateo 15:24).

6 Sin embargo, ¿por qué habrá respondido Jesús a esta mujer de una manera tan dura?

7 ¿Qué aprendemos acerca de esta mujer en todo el relato?

El evangelio de Mateo comenta que Jesús dijo: "grande es tu fe" a la mujer (Mateo 15:28), y en base a su fe, el Señor sanó a su hija.

Marcos 7:31-37

De Tiro, Jesús comienza un viaje hacia el sur que terminará en Jerusalén, donde se cumplirían las profecías acerca de su muerte.

En el camino le llevaron a un sordo tartamudo. A veces Jesús sanaba a la distancia, como el caso anterior. A veces con la palabra sola, como en el caso del parálito del capítulo 2. Y otras veces Jesús tocaba a la person. Solamente él sabe el por qué de las diferencias. Pero en este caso tenemos una ilustración bella de como comunicar algo a un sordo. Jesús le explicó claramente lo que iba a hacer.

5 ¿Por qué la actitud de la gente en los versículos 32 y 37 no está de acuerdo con lo que hicieron en el versículo 36?

En este capítulo Jesús nos aclara bien por qué las cosas no siempre andan como deberían en nuestro mundo. El hombre sufre de una enfermedad de su ser interior, y la única solución es curar esa enfermedad, encontrar una solución que transforme al hombre desde adentro. Según la Biblia, el pecado es algo que esclaviza. Jesús es el Salvador porque vino para ofrecernos y darnos libertad de esa esclavitud.

Marcos 8

El capítulo 8 es el capítulo clave del evangelio en todo sentido. Desde ahora, el tono del relato cambia, y todo comienza a prepararse para el hecho central del libro: la muerte de Jesús.

Marcos 8:1-13

Esta parte comienza con una escena conocida. Es llamativo que la gente estuviera con Jesús durante tres días. Esperaba respuestas a sus necesidades que ningún otro podría ofrecer.

Comparando este incidente con el de Marcos 6, vemos cosas parecidas, pero también diferencias. ¿Cuántas veces Jesús debía haber hecho lo mismo? Jesús tuvo compasión de la gente, sin embargo reconoció:

> "Ciertamente les aseguro que ustedes me buscan, no porque han visto señales sino porque comieron pan hasta llenarse". (Juan 6.26)

En el versículo 11 los fariseos desafiaron otra vez a Jesús y pidieron una señal.

1 ¿Qué clase de señal habrán querido? ¿Acaso una señal les hubiera convencido?

Jesús nunca hizo milagros como trucos para convencer a la gente, sino que eran manifestaciones de su compasión.

Marcos 8:14-21

Aunque Jesús había sanado a miles de personas, da la impresión de que Marcos ha elegido entre todos unos pocos casos fuera de lo común.

Aquí llama la atención que Jesús le preguntó si podía ver algo, y que lo sanó en dos etapas. Es la única vez que vemos algo parecido en los evangelios. Una razón puede ser la falta de fe de parte del hombre: otros lo llevaron a Jesús.

En otro caso parecido con dos ciegos, Jesús les dijo: "Se hará con ustedes conforme a su fe." (Mateo 9:29). En el principio no tuvo fe, pero cuando Jesús le dio la visión parcial, su fe cobró fuerza y fue sanado.

Marcos 8:27-30

Salieron de Tiro y pasaron por Betsaida (v. 22). Ahora procedieron hacia el sur.

Jesús les hizo dos preguntas. La primera tiene una variedad de respuestas:

- ✓ Juan el Bautista. Como Herodes (Marcos 6:16), pensaba que el profeta Juan había resucitado.
- ✓ Elías era el profeta prometido por Dios en los últimos versículos del Antiguo Testamento (Malaquías 4:5).
- ✓ Otros pensaban que puede haber sido cualquier de los profetas antiguos resucitados por Dios.

Pero la pregunta clave es la segunda. Por primera vez un hombre reconoció que Jesús era el Cristo, el enviado por Dios como Señor y Salvador.

Pero con esta confesión, el mensaje de Jesús tiene un nuevo énfasis, como veremos en el párrafo siguiente.

Marcos 8:31-38

Con el reconocimiento de que era el Cristo, Jesús comienza a enseñar a los discípulos acerca de su muerte. Como afirma el versículo 32, lo dijo con toda claridad: iba a ser rechazado, muerto y luego resucitado.

4   ¿Qué razón puede haber tenido Pedro para reprender a Jesús?

5   ¿Qué razón puede haber tenido Jesús para llamar "satánico" ese rechazo de parte de Pedro?

Hay que recordar que no se habla de "cristiano" hasta un buen tiempo después de la resurrección. El término que la Biblia utiliza es "discípulo", uno que sigue a un maestro, aprende de él, con la esperanza de llegar a ser como él.

Note que Jesús menciona tres condiciones para ser su discípulo. La primera no es negarse a las cosas, sino negarse a sí mismo.

6 ¿Cómo sería eso de "negarse a sí mismo"?

En cuanto a la cruz, es imperativo recordar que era simplemente un instrumento para torturar y matar a una persona. El que llevaba su cruz caminaba hacia una muerte segura.

7 Si debemos llevar nuestra cruz hacia la muerte, ¿qué es lo que debe morir?

8 Jesús da un resumen de su planteo en el versículo 35. ¿Lo puede explicar usted?

Ser cristiano es ser de Cristo, es ser su discípulo. Es un tema de vida o muerte. Con él tenemos vida aquí y más allá; sin él tenemos muerte.

Marcos 9

El capítulo 9 comienza con una escena gloriosa, pero las cosas cambian rápidamente, y de pronto estamos otra vez frente a la incomprensión humana. Pero Jesús vino justamente para solucionar esa realidad humana. Del capítulo 8 en adelante, todo el relato está bañado por la sombra creciente de la muerte de Jesús.

Marcos 9:1-13

Estos versículos nos dan un pequeño vistazo hacia el futuro, hacia el momento en que el hijo de Dios será glorificado "con la gloria que tuve... antes de que el mundo existiera". (Juan 17:5)

1 ¿Le parece que la reacción de Pedro era apropiada? ¿Por qué?

Jesús no respondió al planteo de Pedro, pero sí vino una voz del cielo.

2 Ésta es la segunda vez que oímos esa voz. ¿Qué dice esta vez que es distinto a lo que dijo anteriormente?

Los discípulos preguntaron acerca de la venida de Elías y se refieren a una profecía en los últimos versículos del Antiguo Testamento (Malaquías 4:5). Jesús no responde directamente aquí, pero en otro momento dijo que la profecía se cumplió con Juan el Bautista (Mateo 11:14).

Marcos 9:14-32

Bajaron de la escena gloriosa en la montaña hacia la realidad del mundo. Un hombre había llevado su hijo endemoniado a los discípulos, pero ellos no podían sanarlo.

3 Frente a esta situación, ¿cómo describe usted la fe del padre del chico?

Jesús encontró a los discípulos discutiendo con los religiosos. Puede ser que intentaban esquivar del hecho de su fracaso.

Los discípulos habían recibido la autoridad necesaria para echar fuera a los demonios (Marcos 6:7), sin embargo...

4 En esencia, ¿cuál era el problema de los discípulos?

Marcos 9:33-37

Siguieron viaje hacia el sur y de nuevo los discípulos están discutiendo, aunque esta vez entre sí. Con razón tenían vergüenza para responder a la pregunta de Jesús. Él anunció su muerte, pero ellos solamente pensaban en sí mismos.

Seguramente la respuesta de Jesús no es lo que esperaban.

5 ¿Cómo describe usted la clase de liderazgo que Jesús propone?

☞ ¿La ha visto en acción alguna vez? ¿Cómo era?

Marcos 9:38-41

El problema que vemos en este pasaje es uno que ha perturbado a la iglesia cristiana desde su nacimiento. Es la actitud de "ellos... y nosotros, los malos... y los buenos".

6 Jesús aquí da tres razones por las que esa actitud está equivocada. Explique esas razones.

Marcos 9:42-50

Estamos ahora en la parte más difícil del capítulo. En esencia, el Señor hace tres advertencias. El versículo 42 es la primera.

7 ¿De qué maneras podemos hacer pecar a una persona?

Los versículos 43 a 47 pueden parecer exagerados, pero encierran un principio muy importante. No podemos tomar el tema del pecado ligeramente, y se justifican aun los medios más extremos para evitarlo.

8 Pero, según lo que hemos estudiado, ¿son la mano, el ojo, el pie, etcétera, los culpables? ¿Por qué?

9 En realidad, ¿cuál es la solución al problema que plantea estos versículos?

La Biblia no es un cuento de hadas, sino un libro que expresa la vida tal como es. En este capítulo hemos visto la incapacidad de los discípulos, su codicia de poder, las discusiones entre sí, la intolerancia frente a un hombre que obraba en el nombre de Jesús. ¡Qué parecidos a nosotros! Con toda razón el Señor hizo resaltar nuevamente la suma gravedad del pecado.

Marcos 10

Jesús había desarrollado su actividad más importante en la provincia de Galilea del norte, y ahora viajaba hacia el sur, a la ciudad de Jerusalén, que se encuentraba en la provincia de Judea. En Jerusalén estaban sus peores enemigos; sin embargo era el lugar donde debía cumplir el propósito principal de su venida.

Marcos 10:1-12

De nuevo los fariseos vienen a Jesús con una pregunta, pero no para aprender sino para condenar. De todos modos, la pregunta no es fácil, ni para aquel entonces ni actualmente.

El propósito de Dios en crear el matrimonio es claro. Dos personas se unen y forman una sola. Y lo que Dios ha unido no se debe separar.

Sin embargo, la humanidad rebelde ha distorcionado muchas de las cosas buenas de Dios. Así la ley permitía el divorcio, pero sólo "por lo obstinados que son" (v. 5). Y si la pareja no debe separarse, tampoco debe formar una nueva unión. La única excepción al tema del divorcio se encuentra en la explicación más amplia de Mateo 19:1-9.

Marcos 10:13-16

Llama la atención cómo los discípulos querían proteger a Jesús de los niños, y también como Jesús se indignó frente a esa actitud.

1   ¿Qué será "recibir el reino como un niño"?

Un hombre —y según los otros evangelios sabemos que era joven y rico— vino a Jesús con una pregunta.

2 Según vemos en el relato, ¿cómo era ese hombre? ¿Cómo lo podemos evaluar?

El hombre quería saber cómo tener la vida eterna, y Jesús respondió con algunos de los diez mandamientos. Para el judío, la única manera de entrar en el reino de Dios era cumplir con los mandamientos. Y para un joven rico, de una buena familia, no hubiera sido tan difícil cumplir con los mandamientos que Jesús menciona. Sin embargo, reconoció que todavía le faltaba algo.

3 ¿Le parece que hubiera respondido con tanta confianza si Jesús le hubiera citado los dos mandamientos más importantes (Marcos 12:29-31)?

Sin embargo Jesús no citó esos mandamientos. Al contrario, dijo que el hombre tenía que hacer dos cosas.

---

4   ¿Por qué una de las condiciones era vender todo y regalarlo? Por lo que vemos en los evangelios, nunca exigió algo parecido a nadie.

El segundo requisito era el mismo que Jesús pedía a todos, y sigue pidiendo a todos: seguirle. La primera condición no tendría ningún valor sin la segunda. Pero el hombre lo pensó... y se fue. Ésta es la primera y única vez que vemos a una persona alejarse de Jesús con tristeza.

Los judíos pensaban que el hombre rico era bendicido por Dios, y por lo tanto le era mucho más fácil entrar en el cielo. Pero, para asombro de los discípulos, Jesús dijo que no era así.

5   ¿Por qué era tan difícil para el rico entrar en el reino de Dios?

Los apóstoles habían dejado todo para seguir a Jesús, pero él les aseguró que ganaban más de lo que habían perdido.

Pedro, preocupado, se lo reclamó a Jesús (v. 28). Pero Jesús afirma una realidad que todos sus discípulos reconocen. La aceptación, el amor y el cuidado que uno recibe como miembro de la familia de Dios sobrepasa grandemente lo que uno puede perder por ser discípulo de Cristo.

Marcos 10:32-34

El ansia de figurar, el ansia del poder. Ya lo vimos en el capítulo 9 (vv. 33-37). El contraste entre lo que preocupaba a los discípulos y lo que preocupaba a Jesús es chocante.

6 Busque Marcos 14:36 y Lucas 12:50. ¿A qué se refiere Jesús cuando habla de "bautismo" y "trago amargo"?

Los discípulos simplemente no entendían lo que es ser grande o importante en el reino de Dios.

7 ¿Por qué es tan importante para ellos, y para nosotros, comprender el concepto bíblico de grandeza?

El versículo 45 es, seguramente, el versículo clave del evangelio de Marcos. Por primera vez Jesús aclara por qué su muerte es necesaria. Le animamos a aprender este versículo de memoria.

Marcos 10:46-52

Este ciego seguramente llegó a ser un discípulo importante de Jesús, ya que Marcos no solamente da su nombre sino el de su padre también.

Es llamativo que Bartimeo llamó "Hijo de David" a Jesús. Los profetas del Antiguo Testamento afirmaron que un descendiente del rey David iba a ser el Mesías (por ejemplo, en Jeremías 23:5). Y tanto Mateo como Lucas, en sus evangelios, comprobaron que Jesús descendía de David.

8 ¿Qué podemos aprender del ejemplo de Bartimeo?

Jesús está en camino hacia Jerusalén y sabe muy bien lo que allá le espera; ya lo explicó varias veces a sus discípulos. Pedro, mucho tiempo después, lo describió así:

> "Él mismo, en su cuerpo, llevo al madero nuestros pecados, para que muramos al pecado y vivamos para la justicia. Por sus heridas ustedes han sido sanados". (1 Pedro 1:24)

Marcos 11

"¡Jerusalén, Jerusalén, que matas a los profetas y apedreas a los que se te envían!" (Lucas 13:34)

Con estas palabras, según el relato más amplio de Lucas, se acercó Jesús a la ciudad que fue el centro de la religión y las esperanzas de Israel. Pero una vez dentro de la ciudad, comenzaron los choques entre Jesús y las autoridades, que culminaron en su muerte.

Marcos 11:1-11

Para la fiesta anual de la Pascua, grupos de peregrinos viajaban a Jerusalén de todas partes. Entre ellos llegaron Jesús y sus discípulos. Es llamativo que Jesús escogió una manera muy simbólica, y no tradicional, para entrar en la ciudad. Porque el profeta había dicho:

¡Alégrate mucho, hija de Sión! ¡Grita de alegría, hija de Jerusalén! Mira, tu rey viene hacia tí, justo, salvador y humilde. Viene montado en un asno, en un pollino, cría de asna. (Zacarías 9.9)

Aunque, según Juan 12:16, los discípulos no entendían el significado de todo esto hasta después de su muerte. La gente gritaba "Hosanna", una palabra hebrea que significa "Salva", y citaban el Salmo 113.

Lucas menciona que algunos de los fariseos se sintieron molestos por lo que la gente gritaba. (Lucas 19.39)

1 ¿Qué habrán escuchado para que se sintieran molestos?

Después de visitar el templo, salieron para pasar la noche en Betania, un pueblo cerca de Jerusalén, pero lejos de las intenciones de los fariseos.

Marcos 11:12-19

Encontramos en estos versículos dos escenas medio insólitas; ambas nos muestran una faceta nueva del Señor.

Es cierto que no era la estación para encontrar higos, aunque el árbol puede haber tenido brevas. Pero la acción de Jesús tiene un significado más profundo, porque a la higuera se la utiliza muchas veces en la Biblia como un símbolo de Israel.

2 Si es así, y ésta es una parábola actuada en vez de dicha, ¿qué significado puede tener?

Esta es la única vez que vemos a Jesús utilizar su autoridad para matar en vez de dar vida.

La escena del templo necesita un poco de explicación. Los peregrinos que venían de otras partes necesitaban dos cosas. Primero, comprar animales para los sacrificios rituales del templo. Segundo, cambiar su dinero para tener las monedas aprobadas para el impuesto al templo. Así que los vendedores y los cambistas eran necesarios. El problema nace en que había mercados oficiales en el Monte de los Olivos.

El patio donde habían instalado el mercado era el "Patio de los Gentiles". Busque en Isaías 56:6-7 que contiene la cita del versículo 17.

3 ¿Qué propósito tenía ese patio para que se indignara así Jesús?

Es notable que, aparentemente, estuvo allí un buen rato. Controlaba el tráfico de personas en ese patio (v. 16) y enseñaba a la gente (v. 17).

4 Si ellos buscaban un pretexto para tomarlo preso a Jesús, ¿por qué no aprovecharon esta oportunidad perfecta?

Marcos 11:20-26

Llama la atención la sorpresa de Pedro al ver la higuera seca. Él ya había visto cosas más importantes de parte de Jesús. Pero el Señor utilizó la ocasión para enseñar sobre la oración.

Jesús afirmó que el primer requisito para recibir una respuesta a la oración es la fe.

5 En base a Hebreos 11:1, dé su definición propia de la fe.

El Señor habló de fe que puede mover una montaña. Seguramente ninguno de nosotros lo hemos visto. Sin embargo, puede haber otras "montañas" en la vida que son casi imposibles de mover.

6 ¿Qué puede ser, en su propia experiencia, una montaña que es casi imposible de mover, pero movible por la oración?

La segunda condición para que Dios preste atención a nuestras oraciones es perdonar.

7 ¿Por qué no podemos orar correctamente si no podemos perdonar a alguien?

Mateo 11:27-33

Cuando los fariseos vieron a Jesús en el templo de nuevo, se le acercaron con una pregunta. Seguramente lo que Jesús había hecho en el templo les había molestado mucho. Ellos preguntaron a Jesús, pero él respondió con otra pregunta.

8   Explique por qué los fariseos no eran capaces de responder a la pregunta de Jesús.

Jesús se metió directamente en la boca del lobo, sabiendo muy bien que lo iban a atacar. Sin embargo, vemos que es él quien actúa con más confianza y autoridad.

Comenzando con este capítulo, Marcos dedica lo que queda de su libro a la última semana de la vida de Jesús.

Marcos 12

Este es un capítulo largo y contiene los últimos diálogos entre Jesús y los judíos. Él los desafió abiertamente y ellos afirmaron su determinación de eliminarlo.

Marcos 12:1-12

Ésta es la última parábola que anotó Marcos, y lleva un mensaje muy claro a los fariseos y otros dirigentes.

1 En esta parábola, ¿quién representa

✓ el viñedo?

✓ el dueño del viñedo?

✓ los encargardos del viñedo?

✓ los siervos que el dueño envió?

✓ el hijo del dueño?

✓ la piedra (v. 10)?

✓ los constructores?

2 ¿Qué quiere decir Jesús, entonces, a los judíos?

Marcos 12:13-17

Encontramos a un nuevo grupo aquí, los herodianos. Ellos apoyaban al gobierno impuesto por Roma mientras que los fariseos lo rechazaban. Lo que los unía ahora era su oposición a Jesús.

Fueron a Jesús con una adulación falsa y una pregunta tramposa.

3 ¿De qué podían acusar Jesús si hubiera respondido a su pregunta con

☞ sí?

☞ no?

La respuesta de Jesús les dejó con la boca cerrada.

4 ¿Qué es "dar a César lo que es de César, y a Dios lo que es de Dios"? ¿Cómo aplicarmos esto actualmente?

Marcos 12:18-27

En el evangelio de Marcos, ésta es la última vez que

plantearon una pregunta tramposa a Jesús. Tenía que ver con una regla de la ley judía (v.19, Deuteronomio 25:5-10). Los saduceos eran los liberales entre los judíos. Rechaban las tradiciones, los últimos libros del Antiguo Testamento y negaban la existencia de ángeles y la vida espiritual. Con esta pregunta querían mostrar que el concepto de resurrección era absurdo.

Jesús, en vez de responder directamente a la pregunta, les mostró su equivocación. Sí, tanto las Escrituras como el poder de Dios afirman la resurrección.

5   ¿Cómo, entonces, respondería usted a la pregunta del versículo 23, ya que Jesús no la contestó directamente?

Marcos 12:28-34

La tradición judía hablaba de los 613 mandatos de la ley, pero los judíos no podían ponerse de acuerdo en cuanto a cuál era el más importante. A la luz de esto, la pregunta de este maestro de la ley era buena. La respuesta de Jesús cayó bien a este hombre, pero los demás se callaron.

6   ¿Por qué es que ningún mandato es más importante que estos dos?

Terminaron las preguntas (v. 14). Con esta afirmación no sabían como seguir atacándole.

Marcos 12:35-40

Los maestros de la ley tenían razón cuando afirmaron que el Cristo descendía del rey David. Pero se quedaron cortos, es decir, esperaban un Cristo que iba a ser un guerrero como lo fue David. Pero el Señor, con esta cita del Salmo, afirma que el Mesías iba a ser Señor de David, *el* Señor.

Jesús sigue con una fuerte condenación a los maestros de la ley por su presunción. Como maestros, debían haber sido los más celosos en cumplir con el propósito de la ley de Dios. Sin embargo, el Señor da una lista de seis de sus errores.

7 ¿Cuál de estos seis errores sería el más peligroso para nosotros hoy?

Marcos 12:41-44

Las moneditas que esa viuda dio como ofrenda valían apenas lo suficiente para comprar un caramelo, mientras los ricos dieron mucho.

8 ¿Es la cantidad que damos a Dios importante? ¿Por qué?

Es significativo la manera como Jesús resumió toda la ley de Dios en sólo dos mandatos. En cierto sentido, son muy sencillos; sin embargo, para cumplirlos es necesario invertir toda una vida en la tarea. Ahí tenemos lo mínimo que Dios exige de nosotros.

Marcos 13

Sin ninguna duda este capítulo es el más difícil del evangelio de Marcos. Se trata de profecía, y la profecía, por su propia naturaleza, pocas veces es clara. También el Señor habla aquí de dos eventos, muy separados en el tiempo, pero no siempre tan fáciles de distinguir en el relato.

Marcos 13:1-8

Al salir del templo, los discípulos exclamaron acerca de su belleza. Tenían razón porque era considerado como una de las maravillas del mundo antiguo. Edificado con piedras blancas, algunas hasta doce metros de largo, el templo literalmente resplandecía.

Pero el Señor les advirtió que todo iba a ser destruído, y los discípulos, como es de imaginar, querían saber cuándo iba a ocurrir eso.

1 ¿Esta primera parte del discurso (v. 1-8) responde a su pregunta? ¿Por qué?

Marcos 13:9-13

El Señor todavía no dice cuándo, pero sí les advierte del peligro.

---

2   Dice que deben cuidarse. ¿Cuidarse de qué?

Marcos 13:14-20

Ahora sí, el Señor dice cuándo, pero lo hace en clave, una clave que ellos (no necesariamente nosotros) podían comprender. Algunas traducciones hablan del "horrible sacrilegio" y otras versiones de la "abominación desoladora".

El profeta Daniel menciona esa abominación tres veces en su libro: 9:27; 11:31 y 12:11.

3   Según estas citas de Daniel, ¿de qué trata la abominación?

Los historiadores relatan como, en el año 70, el ejército romano hizo sitio a la ciudad durante cuatro meses. Algo como un millón de judíos murieron y llevaron cautivos a 97 mil. La ciudad fue nivelada completamente y los romanos hicieron un sacrificio al emperador en las ruinas del templo. Aunque la ciudad ya había sufrido desastres, éste fue el peor (vv. 19 y 20).

A causa de esta advertencia, la iglesia escapó la destrucción.

Marcos 13:21-31

De nuevo el Señor repite la advertencia de los versículos 5 y 6. Es cierto que antes de la destrucción de Jerusalén aparecieron más de una profeta o mesías que prometían salvar a la ciudad.

4 ¿Existen falsos profetas y mesías actualmente? ¿Cómo podemos reconocerlos?

5 Cuando Cristo venga de nuevo, ¿cómo podemos saber que realmente es él?

De nuevo, el hecho de que el Señor hable de dos eventos complica nuestra comprensión del pasaje. El versículo 14 claramente habla de la destrucción de Jerusalén y el versículo 26 del regreso del Señor a la tierra. Pero los versículos 5 a 13 tienen elementos de los dos eventos. El versículo 30 se refiere a la caída de Jerusalén.

Marcos 13:32-37

Durante el siglo pasado hubo muchos intentos de fijar la fecha del regreso del Señor. Los testigos de Jehová son los más notorios en esto. Pero el Señor dice claramente que no lo podemos saber. El primer evento tenía señales claras de advertencia (v. 29), pero el segundo será una sorpresa.

De nuevo el Señor insiste que debemos vigilar.

6 ¿Cuántas veces repite esa advertencia en el capítulo?

7 En esencia, en base a todo el capítulo, ¿qué debemos vigilar?

Los que no prestaron atención a las advertencias del Señor acerca de Jerusalén tuvieron que pagar el precio. Pero, de la misma manera, hay muchos hoy que no toman en serio sus advertencias acerca de su regreso. La historia tiene su fin, y Jesucristo es la figura central de ese fin.

Con este capítulo terminamos las enseñanzas de Jesús. El siguiente relata los sucesos que llevan a su muerte. Era justo que el Señor preparara a sus discípulos acerca de qué iba a acontecer después de su muerte. Les advierte de los peligros, pero también les deja la promesa de volver por segunda vez con poder y gloria.

Marcos 14

Faltaban dos días para la Pascua, una de las celebraciones más importantes para el pueblo judío. En ese día recordaron su salida de la esclavitud en Egipto siglos antes (Éxodo 12). El aspecto central era el sacrificio de un cordero que comían esa misma noche. Aunque para nosotros el aspecto central de esa pascua en particular es el sacrificio del Cordero de Dios (Juan 1:36).

Marcos 14:1-11

Mientras los judíos planificaban la muerte de Jesús, él cenaba en la casa de un amigo. El hecho de que la mujer ungiera la cabeza de Jesús no era tan extraño, ya que los judíos tenían esa costumbre. Lo que creó una reacción era que ella utilizó un perfume muy caro. Puede ser que ese evento haya llevado a Judas a la decisión de entregar a Jesús.

El Señor dijo que el acto de esa mujer iba a ser parte del mensaje del evangelio.

1 ¿Por qué este incidente merece ser conocido en todo el mundo?

Marcos 14:12-26

Un elemento de la celebración de la pascua era la semana de la Fiesta de los panes sin levadura, que también recordaba la salida del pueblo de Egipto (Éxodo 12:39).

El Señor sabía bien que Judas le iba a entregar, así que la preparación para celebrar la Pascua se hizo de a escondidas. Durante la cena el Señor dió una oportunidad a Judas para cambiar de actitud, pero sin resultado positivo.

Una parte de la cena de la Pascua era compartir el pan y el vino, y Jesús dio a ambos un significado nuevo. El pan representa su cuerpo (Juan 6:35) y el vino representa su sangre (Hebreos 9:22), pero Jesús aquí habla de la copa que representa el "pacto", o como dicen algunas versiones, el "nuevo pacto".

2 ¿Qué es un pacto. ¿Para qué sirve?

☞ Si hay uno nuevo, ¿cuál es el viejo?

Marcos 14:27-31

De nuevo Pedro luce su debilidad y se jacta de su fidelidad al Señor. Pero el Señor conocía muy bien a Pedro y a los demás discípulos. Las ovejas iban a huir frente a la crisis.

Marcos 14:32-42

Los evangelios indican que Jesús lloró por lo menos un par de veces (Lucas 19:41 y Juan 11:35). Pero nunca lo hemos visto sufrir como en estos versículos. Ya hemos hablado del trago amargo que le esperaba. Estuvo dispuesto de beberlo, pero...

3 ¿Qué alternativa puede haber esperado Jesús?

Y el Pedro valiente (v. 31) duerme. Todos duermen.

4 ¿Cómo pueden haber ayudado a Jesús al quedarse despiertos?

☞ ¿Qué beneficio pueden haber recibido?

Marcos 14:43-52

Llegó Judas con un grupo grande de hombres armados. Es posible que tenían cierto miedo de Jesus y seguramente esperaban recibir resistencia de parte de los discípulos.

Era de noche, todos eran barbudos y las antorchas daban poca iluminación. Así se entiende la necesidad de una contraseña. Sin embargo, la falsedad de Judas perturba.

Juan dice en su evangelio que era Pedro quien cortó la oreja del siervo del sumo sacerdote.

5 ¿Cómo explica usted el contraste entre la agresividad de Pedro y su huída luego?

Los comentaristas piensan que el joven del versículo 51 era Marcos mismo, quien vino para advertir a Jesús del peligro. Su familia tuvo conexiones con la familia del sumo sacerdote.

Marcos 14:53-65

Muchos testigos, muchas acusaciones, pero no podían ponerse de acuerdo con sus mentiras. Aunque la acusación del versículo 58 era casi cierta. (Juan 2:19)

No hacía falta responder a las mentiras, pero cuando el sumo sacerdote le preguntó a Jesús directamente, declaró que era el Mesías.

7 ¿Por qué causa, al final, lo condenaron a Jesús?

8 Piénselo bien. ¿Era justo o no el juicio?

Marcos 14:66-72

Aunque Pedro huía con los otros discípulos, tuvo la valentía de por lo menos seguir de lejos. Sin embargo, frente a la realidad, negó al Señor. No es fácil seguir las reacciones contradictorias de Pedro.

Pero es el versículo 72 que le redime. Son dos los que negaron al Señor, y dos los que se dieron cuenta de lo que habían hecho. Uno, amargado, se suicidó (Hechos 1:18). El otro, lloró.

Este capítulo pinta un cuadro bien sombrío: la traición de Judas, la negación de Pedro, la escena de sufrimiento en Getsemaní. Pero también son versículos llenos de promesas. Jesús sufre y muere, pero su muerte establece un nuevo acuerdo entre Dios y el hombre y ofrece la solución al problema del pecado que vimos en el capítulo 7.

Marcos 15

Las autoridades habían logrado una acusación adecuada para ejecutar a Jesús, pero no tenían la autoridad para hacerlo. Esa autoridad pertenecía al gobernador romano. Así que lo llevaron a Poncio Pilato.

Marcos 15:1-15

Los judíos tenían que buscar una acusación política (rey de los judíos), ya que Pilato no hubiera prestado atención a la acusación de blasfemia.

1 Según la evidencia que tenemos aquí, ¿qué opinaba Pilato de Jesús?

Las autoridades habían entregado a Jesús a Pilato, pero la multitud reclamaba la libertad de un preso, ya que era la costumbre durante esa fiesta. Pidieron a Barrabás, un famoso terrorista y, por su lucha contra Roma, seguramente un héroe a los ojos del pueblo.

2 ¿Quiénes, al final, eran responsables por la cruficixión de Jesús? ¿Las autoridades judías, la multitud, Pilato? Explique.

El azote (v. 15) era de cuerdas de cuero, trenzadas con pedazos de hueso o plomo. Muchas veces los presos morían solamente por los azotes.

Marcos 15:16-20

Piense en quién era Jesús. Piense en lo que debía haber sentido cuando, con una sola palabra, podía hacer callar (o eliminar) a los soldados que se estaban burlando de él. Lea 1 Pedro 2:23 a 25 y dé gracias a Dios.

Marcos 15:21-32

A pesar de lo que dicen algunos himnos y muestran muchos cuadros, Jesús no llevó su cruz. Seguramente no estaba en condiciones físicas para hacerlo después de los azotes.

3 El vino que le ofrecieron era para aliviar el dolor. ¿Qué razón podía haber tenido para rechazarlo?

4 ¿Cómo muestran las burlas de la gente que entendían el mensaje de Jesús?

Marcos 15:33-41

Como diría el poeta, el sol escondió su cara frente al espectáculo de la cruz.

5 ¿Cuántas horas estuvo Jesús en la cruz antes de morir?

Normalmente los crucificados morían lentamente, y pasaban a un estado de coma antes de morir.

6 Jesús murió antes de tiempo. Según Juan 10:18, ¿cómo se explica esto?

Las palabras que Jesús gritó en el versículo 34 eran de la lengua aramea, la lengua común entre los judíos.

7 ¿Qué respuesta tiene la pregunta de Jesús? Ver 2 Corintios 5:21 y 1 Pedro 2:24.

La cortina o velo del templo era una cortina gruesa que cerraba el lugar santísimo del templo. Era la segunda cortina descrita en Hebreos 9:1-5.

8 ¿Qué significa el hecho de que se razgara?

Había, por lo menos, dos miembros del consejo superior de los judíos (Sanedrín) que eran discípulos secretos de Jesús. Es fácil comprender porque no habían podido revelarse. Uno era José y el otro Nicodemo (Juan 3:1 y 19:39).

Tomaron un paso riesgoso y pideron el cuerpo de Jesús para sepultarlo.

Para muchos, con la muerte de Jesús todo había terminado. Para las autoridades judías había terminado su problema, pero para los discípulos de Jesús había terminado su esperanza.

Felizmente estaban equivocados. En los capítulos anteriores hemos visto que Jesús era mucho más que un hombre bueno, y ahora el capítulo 16 nos dará la prueba convincente y suficiente de ello.

Marcos 16

Sin este capítulo, todo lo que hemos visto hasta ahora sería en vano. Un Cristo todavía en la tumba sería como cualquier profeta religioso de la historia. Pero lo que vemos aquí señala el momento en que toda la historia se renueva.

Marcos 16:1-8

Las tres mujeres fueron a la tumba donde habían puesto el cuerpo de Jesús para embalsamarlo según la costumbre de los judíos.

1 Cuando fueron, ¿qué esperaban encontrar?

☞ ¿Qué habían olvidado?

Por la descripción que Marcos y los otros evangelios dan del joven (v. 5), entendemos que era un ángel el que habló con ellas.

2 ¿Le parece que ellas creyeron lo que oyeron? ¿Por qué lo cree así?

3 ¿De qué habrán tenido miedo?

¡Ha resucitado! O como agrega el evangelio de Lucas: "¿Por qué buscan ustedes entre los muertos al que vive?" (Lucas 24:5). Realmente, es la noticia más importante que el mundo haya escuchado jamás.

Pablo, en una de sus cartas, dice: "Si Cristo no resucitó, la fe de ustedes no vale para nada".

4 ¿Por qué?

Marcos 16:9-

En realidad, no existe Marcos 16:9. Como reconocen las versiones más actuales de la Biblia, el evangelio de Marcos termina con el versículo 8. Si lo hizo a propósito, o si se ha perdido su terminación, no lo sabemos. Muchos manuscritos terminan allí, otros agregan la terminación que tenemos en nuestras Biblias, y aún otras agregan lo que llaman la terminación corta:

"Las mujeres contaron brevemente a Pedro y a sus compañeros todo lo que se les había dicho. Después de esto, Jesús mismo, por medio de sus discípulos, envió de oriente a occidente el mensaje santo e incorruptible de la salvación eterna. Amén".

Vamos a pensar un poco sobre lo que hemos visto en este libro. Es un evangelio y no una historia.

5 ¿Cuáles serán las diferencias más importantes entre una historia y este evangelio?

Podemos dibujar el mensaje de Marcos de esta manera:

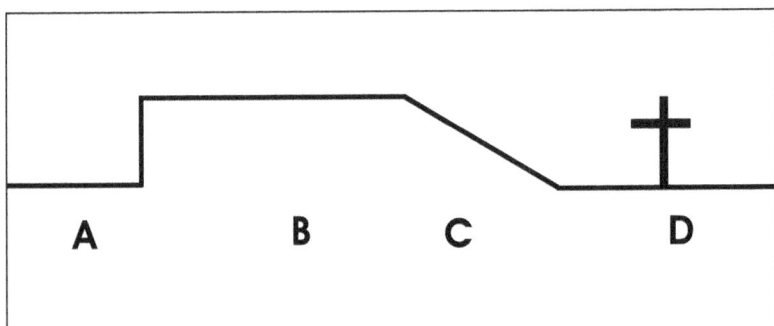

6 Para cada una de estas divisiones, ponga un título apropiado y explique por qué ha puesto ese título.

A - Marcos 1:1-13

B - Marcos 1:14 - 8:26

C - Marcos 8.27 - 10:52

D - Marcos 11:1 - 16:8

7 Marcos no nos explica su propósito al escribir este evangelio, aunque Juan sí lo hace. Escriba aquí el propósito del evangelio según Juan (Juan 20:31).

¡Jesús vive! No hablamos de un Cristo que era, sino de un Cristo que es. El Cristo que perdonaba pecados, puede perdonar hoy. El Cristo que amaba a la gente, nos ama hoy. El Cristo que llamaba a discípulos a seguirlo, también busca discípulos hoy.

Conclusión

"Principio del evangelio de Jesucristo, Hijo de Dios".

Así comienza Marcos su relato y con pincel casi nervioso nos pinta un cuadro ágil de Jesús. Hemos visto a una persona que es hombre, sin embargo, es mucho más que un hombre.

El Jesús real, no es un ángel, ni un mago; es realmente un hombre, que camina, come, habla y así se identifica aún más con el pueblo que ama. Vemos en Jesús a un hombre que se juega por los hombres. Pero también es mucho más que un hombre. La gente se maravillaba de su manera de hablar, de su poder, y aun los más cercanos a él exclamaban: "¿Quién será este, que hasta el viento y el mar le obedecen?" (Marcos 4:41)

Él tiene autoridad sobre los objetos físicos, el cuerpo humano, los demonios y aun la muerte; tal es el Salvador prometido por Dios.

Pero, ¿por qué nos dice todo esto Marcos? Dice que es una buena noticia. ¿Por qué? Porque escribe para que conozcamos a este Jesús, y también para que nosotros seamos sus discípulos.

Frente al enviado de Dios, el Rey, el Cristo, no tenemos otra alternativa que someternos a él, darle nuestra vida, y así ganarla.

Juan el Bautista, los apóstoles y Jesús mismo predicaron: "arrepiéntanse"; "cambien de actitud frente a Dios". Los que dudaban de él, impidieron que les ayudara, pero los que confiaban plenamente en él, los que tenían una fe verdadera, recibieron salud de su parte. Jesús es el médico que vino para sanar a los enfermos, pero sólo a los que están dispuestos a humillarse y reconocer su necesidad. Es el Salvador que ofrece salud a los que se le acercan pidiendo ayuda.

Éste es el evangelio, ésta es la buena noticia; pero ahora ¿qué? Marcos escribe para informarnos, pero también para desafiarnos con la persona de Jesús. ¿Qué hará usted con Jesús? Ya vimos en estas lecciones lo que Dios exige de nosotros, junto con algunas de sus promesas para los que responden a su mensaje.

Con esto, terminamos. Lo hemos guiado por el evangelio, y la respuesta es suya. Esperamos que su determinación sea de entregarse a Jesús y así ser su discípulo.